STORIA MILITARE

DI FRANCIA

DAI TEMPI PIU REMOTI SINO A' NOSTRI GIORNI,

OPERA ORIGINALE

Del Professore G.-B. CROLLALANZA.

Seconda edizione. — Fano (États Romains), 1857.
Pubblicazione dell' *Enciclopedia Contemporanea*.

TOMO PRIMO.

—

COMPTE RENDU

PAR

ÉD. DE LA BARRE DUPARCQ,

Capitaine du génie, professeur à l'École impériale de Saint-Cyr,
auteur des *Éléments d'art et d'histoire militaire*.

EXTRAIT DU SPECTATEUR MILITAIRE.
(15 OCTOBRE 1857.)

PARIS,

IMPRIMERIE DE L. MARTINET,

RUE MIGNON, 2.

1857.

STORIA MILITARE DI FRANCIA

DAI TEMPI PIU REMOTI SINO A' NOSTRI GIORNI.

M. le professeur *Crollalanza* n'en est pas à son coup d'essai, et, parmi ses travaux, je dois citer en première ligne : *La potenza militare della Russia*, parue à Bologne en 1851, brochure de statistique fort intéressante, remplie de détails et de chiffres exacts, qui fait connaître à fond ce vaste empire bien avant que les complications politiques de la question d'Orient et la guerre récente qui en fut la suite eussent appelé sur lui l'attention publique.

L'ouvrage dont il publie aujourd'hui la seconde édition tient toutes les promesses de ses précédents travaux : c'est une composition de longue haleine, qui comptera 6 volumes grand in-8° et contiendra tous les développements réclamés par son titre de *Storia militare di Francia*.

(1) *Histoire militaire de France depuis les temps les plus reculés jusqu'à nos jours*, ouvrage original du professeur Jean-Baptiste Crollalanza, grand in-8°.

Beau titre, en effet, et qui oblige ! *L'Histoire militaire de la France,* de cette nation chevaleresque dont l'épée a toujours plus visé à la gloire qu'au profit, quel vaste sujet, quelle épopée plus attachante à recueillir et à retracer !

Ce sujet n'est pourtant, dans le plan général conçu par l'auteur, qu'une parcelle de son œuvre complète : l'*Histoire militaire de tous les peuples du globe;* mais, pour l'instant, nous devons nous borner à l'envisager, puisque pour lui seul il y a réalisation. Et d'ailleurs, il peut satisfaire le zèle littéraire le plus étendu, le plus dévoué : je n'en veux d'autres preuves que les ambitions légitimes qu'il a déjà su éveiller.

Sans remonter à l'*Histoire de la milice française* du Père Daniel (1721) et à d'autres essais datant du siècle précédent, nous possédons en effet plusieurs écrits du XIXᵉ siècle qui traitent de notre histoire militaire prise dans son ensemble (1). Deux méritent surtout citation ; ce sont :

1° *Histoire militaire des Français,* depuis Pharamond jusques et compris le règne de Louis XVI, 3 vol. in-8°, Paris, 1813, chez Valade. Ouvrage anonyme, fait avec des ciseaux, où l'on retrouve des passages copiés dans des relations connues, dans des biographies de généraux célèbres, dans d'autres histoires, mais dont le texte, adroitement relié, vivement écrit, respire l'enthousiasme et se fait constam-

---

(1) La *France militaire* (1837), les *Victoires et conquêtes,* dont une nouvelle édition s'imprime en ce moment, ne s'occupent de notre histoire qu'à partir de 1792.

ment lire. Peu de livres conviennent autant à la
jeunesse : malheureusement il s'arrête à la Révolution.

2° *Histoire militaire de la France*, par P. Giguet,
ancien élève de l'École polytechnique. Ouvrage qui a
remporté le prix dans le concours ouvert sur ce sujet
et adopté par le ministre de la guerre pour les Écoles
régimentaires. 2 vol. in-8°, 1849, chez Hachette.
Ouvrage bien fait, qui consacre son second volume
aux guerres survenues de 1792 à 1815 et s'arrête à
cette dernière date.

Quant à l'*Histoire militaire des Français*, de
M. Émile Vanderburch (1 vol. in-18, Paris, 1851,
chez Dumaine), elle embrasse nos fastes jusqu'en
1848, mais n'a guère de *militaire* que le titre.

Dans une note de son introduction (p. 10), M. *Crollalanza* prévient le lecteur qu'il n'a su que fort tard
l'existence de l'*Histoire de l'armée et de tous les régiments*, par M. Adrien Pascal (4 vol. grand in-8°,
Paris, 1850). Sans vouloir juger ce travail, de
crainte qu'on attribue son opinion à une *jalousie
de métier*, il fait observer ensuite que. cet ouvrage
consacre à peine un demi-volume aux premiers siècles
de la monarchie, tandis que le quatrième volume ex-
pose les guerres d'Algérie et « les faits plus politiques
que militaires de la dernière Révolution française. »
Cette observation porte juste ; mais la répartition ad-
mise par M. Pascal se trouve peut-être excusée : —
pour le début, en ce qu'aujourd'hui les Français,
dans leur vanité de se croire tous des favoris des

sciences et de l'industrie, dédaignent ce qui ressemble à de l'érudition, et par suite veulent qu'on étrique les origines de leur histoire ; — pour le quatrième volume, en ce que l'ouvrage, déjà mis au jour avant 1848, a été complété et allongé pour le tirage de 1850 de manière à présenter plus d'actualité. Il remarque encore que l'*Histoire de l'armée et de tous les régiments* néglige ce qui concerne l'invention et les progrès de l'artillerie, et ne donne pas l'histoire de la marine militaire.

Ces reproches, l'auteur de la *Storia militare di Francia* a le droit de les adresser à ses devanciers, car son œuvre embrasse de bien autres détails, de bien autres proportions. Si je voulais la caractériser d'un trait et la juger en quelque sorte *à priori*, je dirais qu'elle réunit l'histoire des campagnes ou expéditions à l'histoire des progrès de l'art de la guerre et à l'histoire des institutions militaires (1), c'est-

(1) Nous possédons relativement à nos institutions deux ouvrages français :

1° *La Patrie et l'Armée*, ou *Histoire politique et militaire de la nation française de 1789 à 1815*, par Sainte-Chapelle, 3 vol. in-8°. Paris, 1820-1822. (On a refait des titres en 1837.)

2° *Histoire des institutions militaires des Français*, par M. F. Sicard, capitaine d'infanterie, 4 vol. in-8°, et un atlas ; Paris, 1831. Ce dernier ouvrage est très complet : malheureusement on se le procure difficilement, parce qu'il a été brûlé, peu après son apparition, dans l'incendie d'un atelier de brochage ; beaucoup de bibliothèques publiques n'ont que les deux premiers volumes, et je ne possède moi-même que les trois premiers. Cette circonstance explique pourquoi M. Crollalanza, n'ayant pu le consulter que fort tard, le cite (p. 12) comme traitant des institutions de toutes les nations, assertion qu'il rectifie, du reste, à la fin de son tome Ier.

à-dire trois parties que l'on confond trop souvent et qui ont chacune assez d'importance pour fournir au besoin à une histoire distincte.

Ainsi, le cadre de l'ouvrage de M. Crollalanza possède de vastes dimensions et doit avoir offert conséquemment de nombreuses et rudes difficultés, à un étranger surtout, tant pour amasser que pour employer les matériaux nécessaires; je juge de ces dimensions moins par le premier volume de la seconde édition, qui est entre mes mains, que par le prospectus de la première édition, que je manie également. Dans cette première édition, l'histoire de l'armée de mer se trouvait séparée de celle de l'armée de terre, tandis que, dans l'édition nouvelle, ces deux histoires marchent de front. L'œuvre totale se subdivise en six époques :

Première époque : Des temps les plus reculés au XIIe siècle ;

Deuxième époque : De la création des troupes soldées à l'institution des troupes permanentes (1100 à 1144) ;

Troisième époque : De l'institution des troupes permanentes à l'expédition de Charles VIII en Italie (1444 à 1494) ;

Quatrième époque : De l'expédition de Charles VIII en Italie à la mort de Henri IV (1494-1610) ;

Cinquième époque : De la mort de Henri IV à la Révolution (1610-1789) ;

Sixième époque : De la Révolution à nos jours (1789-1855) ;

Dans une Introduction remarquable et dont je recommande la lecture à tous ceux qui voudront obtenir rapidement une connaissance générale de l'ouvrage, l'auteur développe à grands traits les progrès de la tactique et des institutions militaires de la France, dans chacune des époques que nous venons de citer et qu'il a fixées comme subdivisions à son texte. Cette introduction dispose favorablement à la lecture des pages qui suivent, tant on y voit l'écrivain maître de son sujet et au courant des publications les plus récentes qui s'y rapportent. Elle se termine par ce passage : « Quant au mérite de l'ouvrage, il appartient au public d'en juger. En attendant qu'il se prononce, la difficulté de resserrer dans un cadre peu étendu une multitude de faits historiques et statistiques, et de concilier tant d'opinions divergentes et de renseignements contradictoires tirés des œuvres nombreuses qui traitent des choses militaires, cette difficulté doit me servir d'excuse pour les défauts et les imperfections que les lecteurs intelligents remarqueront dans mon travail. Cette excuse, je la réclame vis-à-vis des personnes généreuses et bien intentionnées, tandis que je suis décidé à dédaigner hautement les sarcasmes et les railleries des indiscrets et des méchants... Aujourd'hui comme toujours, j'aurai la satisfaction d'humilier mes détracteurs en leur répondant par les œuvres et par le silence, en persévérant à suivre l'honorable chemin du travail et en répétant avec Frédéric II : « Aller en avant, c'est vaincre. »

Examinons maintenant comment M. Crollalanza a exécuté son programme.

Le tome Ier de la seconde édition de la *Storia militare di Francia* comprend la première époque, c'est-à-dire depuis les temps les plus reculés jusqu'au XIIe siècle. Cette époque se subdivise en trois livres.

Le livre Ier, partagé en trois chapitres, va jusqu'à Charles Martel (741). L'auteur y décrit d'abord la Gaule antique, ses divisions géographiques, sa population, sa constitution, ses soldats, sa marine. Il s'étend avec soin sur ce dernier sujet, très peu connu jusqu'à ce jour, rappelle les ports célèbres où s'embarquaient nos pères : Arles, Narbonne, Aigues-Mortes, Marseille, Toulon, Antibes, Fréjus, Wissant, Bordeaux, Vannes, les décrit judicieusement d'après des passages extraits avec soin des auteurs originaux, insiste avec des détails très curieux sur la puissance militaire des Marseillais : cette partie de son œuvre est profondément étudiée et prouve une érudition consciencieuse et de bon aloi. A ce propos, et pour ne plus y revenir, nous dirons dès à présent que M. Crollalanza s'occupe dans ce volume, avec la même extension et le même succès, de la marine militaire des Francs et des Normands (1), ces peuples qui se sont successivement implantés, de par la conquête, sur le sol gaulois. C'est là un mérite particulier de son livre : la guerre sur mer obtient de sa plume savante la

(1) Plusieurs figures, extraites de l'*Archéologie navale* de M. A. Jal, et insérées dans le texte, font mieux comprendre les constructions navales de ces derniers.

même attention que la guerre sur terre, et ces deux genres de lutte, que nous séparons ordinairement dans les ouvrages français, fraternisent sous sa direction et rivalisent de gloire : aussi son œuvre pourrait sans contredit adopter le titre plus explicite d'*Histoire militaire et maritime de la France.*

On lit encore dans les chapitres suivants du livre Ier l'invasion de la Gaule par les Romains, la guerre contre les Cimbres et les Ambrons vaincus par Marius, la conquête de ce pays par Jules César, le système militaire des Romains, leurs armes, leur artillerie, leur marine militaire, puis l'entrée des Francs en Gaule, les usages militaires de ce peuple barbare, les expéditions qu'il exécute jusqu'à Clovis, son installation *allodiale* et *par bénéfices* sur la terre conquise. Dans ses détails sur l'armement des Francs, l'auteur nous signale, outre la hache dite *francisque*, l'emploi d'un javelot moyennement long nommé *angon* par Sigrais, mais auquel Augustin Thierry a restitué sa désignation tudesque de *hang.*

A propos de la bataille de Casilin, qui termine à peu près le livre Ier, M. Crollalanza rappelle (p. 176) combien la description du Père Daniel est capricieuse et inexacte, observation qui appartient à Gibbon : pour avoir une idée juste de cette journée, il faut, je crois, indépendamment de la narration précise de l'auteur de la *Storia militare di Francia,* recourir aux relations données dans la grande et belle *Histoire de la décadence de l'Empire romain* et dans l'*Essai sur l'histoire de l'art militaire* du colonel Carrion-Nisas,

comme je le remarquais déjà en 1850 dans mes an-
notations sur le livre Ier de l'*Histoire de la milice
française* (1).

Le livre second de l'ouvrage qui nous occupe ex-
pose, dans un style élégant et avec un talent sou-
tenu, les longues et glorieuses guerres de Charles
Martel, de Pepin le Bref, de Charlemagne. Tout ce
qui caractérise les expéditions, les coutumes, les peuples, les hommes, s'y trouve présenté, depuis les
chants héroïques (2) et les épitaphes (3) jusqu'aux
portraits. Pour que le lecteur apprécie, voici la con-
clusion du texte sur l'influence exercée par Charlemagne : « L'ordre à triple degré du gouvernement de
Charlemagne montre avec évidence le mérite d'orga-
nisateur de celui qui l'avait institué. Les officiers
préposés à l'administration des provinces et à la tu-
telle des confins de l'Empire représentaient le con-
trôle juste et régulier du chef de l'État, et les légats
royaux, en exerçant une inspection de forme admi-
rable, ramenaient à un centre unique la puissance
des officiers susdits. Charlemagne, guerrier brave et
invincible, conquérant énergique et heureux, ordon-
nateur habile et prudent, était ce centre unique du-
quel partaient les rayons de la merveilleuse roue et
en même temps le pivot qui soutenait la machine co-
lossale de l'immense édifice, l'étoile projetant la lu-

---

(1) Le reste de ce travail n'a pas été imprimé.
(2) Ceux de Garin, des Quatre fils Aymon, etc.
(3) Celle, par exemple, de Pepin le Bref : *Ci-gît le père de Charlemagne.*

mière sur l'harmonieux ensemble de sa prodigieuse création (1). »

C'est au début du livre second que se produit la mention des rois *fainéants* de la race mérovingienne, compris entre Clovis II et Childéric III. Une telle épithète ne me semble plus guère de mise aujourd'hui, et quoique, dans une histoire militaire, on ne puisse admettre la donnée philosophique du sage ami du repos : « Heureux les peuples, heureuses les associations humaines dont l'histoire manque ; » néanmoins il me semble urgent d'indiquer combien ces rois soulevèrent contre eux l'opinion d'une nation toute guerrière, par leurs dispositions probables à un gouvernement administratif bien réglé, et de dire que si leurs contemporains leur ont appliqué le surnom de *fainéants*, ils doivent plutôt, au point de vue moderne, être appelés *pacifiques*. Je soumets ce point de vue à M. le professeur Crollalanza.

En son livre troisième, cet habile écrivain traite de la chevalerie, de la première Croisade, de la conquête de l'Angleterre par Guillaume de Normandie. Quelle institution fameuse ! Quelles guerres à résultats grandioses !

La chevalerie se déploie ici, quant à son origine, à ses règles, à ses luttes, à ses progrès, à ses devises et cris de guerre, à ses désordres (2) même, avec un luxe de particularités et de citations qui cisèlent en

---

(1) Page 291.
(2) Les *Cours d'amour*, etc. M. Crollalanza cite en latin trente et une Maximes choisies dans le Code qui régissait ces cours (p. 377).

relief les efforts patients et judicieux de l'auteur relativement à cette intéressante partie de son travail,
puisée aux sources les plus sûres, les plus nouvelles,
et se terminant par de curieux éclaircissements sur
les troubadours et la littérature chevaleresque, contre
les excès de laquelle Cervantès et d'autres voix plus
modernes ont tonné avec succès.

La Croisade de 1096 à 1100, prêchée par Pierre
l'Ermite, dirigée par Godefroy de Bouillon, ses péri-
péties, sa tactique, son influence sur l'état politique
et militaire de la France, forment le sujet des derniers chapitres du tome 1er de la *Storia militare di
Francia*, où l'on rencontre encore plusieurs pages sur
les changements apportés à l'art militaire sous les
successeurs de Charlemagne.

Outre sa table des matières, le volume se termine
par une liste chronologique des époques et des faits;
l'utilité de cette liste, qui ne comprend pas moins de
vingt pages, se dévoile d'elle-même.

Nos indications, malgré leur rapidité, suffisent
pour donner au lecteur une idée du vaste champ his-
torique exploité dans le premier tome, le seul qui
soit encore livré au public. L'ouvrage complet se
composera de six tomes (1), ornés chacun de six litho-
graphies, et sa publication exigera probablement encore plusieurs années.

Pourtant, en dépit de ce terme éloigné, nous pou-
vons, en jugeant d'après l'exécution du premier vo-

(1) Le tome VI comprendra une statistique de l'armée française et
un aperçu sur notre littérature militaire (y compris les journaux).

lume, prédire à M. Crollalanza le succès de son livre,
et nous le faisons avec plaisir, heureux de n'avoir à
dire que du bien d'un travail si digne d'estime et fruit
de tant d'efforts.

En effet, le seul reproche (1) à formuler contre
l'auteur, c'est, à mon sens, qu'il a commis l'une des
fautes signalées par lui-même et avec raison, comme
il a été dit ci-dessus, dans l'*Histoire de l'armée* de
M. Adrien Pascal, ouvrage auquel la *Storia militare
di Francia* me paraît bien supérieure. Ce défaut con-
siste à n'avoir traité que *sommairement* et à l'aide
presque exclusif des écrivains antiques, le livre 1er.
relatif à la Gaule, qui présente pourtant, dans une
histoire complète, autant d'intérêt que les livres con-
sacrés aux Francs.

Les autres livres, composés à plus grande échelle,
donnent sur leur sujet tous les détails possibles.

Si maintenant nous envisageons l'ensemble du
premier volume, nous dirons : citer exactement et en
termes suffisants les écrivains sur lesquels on s'appuie,
mettre en note les passages importants, éclairer par
une saine critique les points douteux, offrir le résultat
de ses recherches suivant une doctrine réfléchie et
claire, animer son texte par quelques anecdotes ou
curiosités de bon goût, tels sont les procédés mis en

---

(1) Je crois inutile de relever des inexactitudes dans les citations,
parce qu'elles sont inévitables ; telles, par exemple, celle-ci : *Histoire des vicissitudes de la cavalerie* (prussienne) *durant les guerres
de la Révolution et de l'Empire,* indiquée à la page 13, au lieu
d'être d'*Unger,* est une traduction du baron de Canitz par *Unger.*

œuvre par M. Crollalanza avec une sagacité réelle.
De la sorte, le travail de cet historien consciencieux
est plus qu'une compilation, c'est une création méri-
tant sérieusement de prendre une place honorable
parmi les ouvrages qui traitent de notre histoire, de
notre gloire nationale.

Ce travail grandira d'ailleurs au fur et à mesure
de son achèvement : tel qu'il est déjà, nous devons,
nous Français, nous y intéresser, car, en sus de ses
qualités, il part d'une plume amie de notre Patrie ; il
est sympathique à notre cause, à nos tendances généreuses. Peu de livres sont plus capables de faire
aimer la France et de donner une idée de sa puissance : peu me paraissent plus dignes d'encourage-
ments ; puissent-ils ne pas lui manquer !

Et maintenant les descriptions tactiques et straté-
giques de la *Storia militare di Francia* se montrent-
elles aussi développées que l'exigerait le titre d'*Histoire militaire?* Cette question vaut qu'on y réponde.
Assurément ces descriptions diverses ne sont pas toujours traitées avec la netteté de coup d'œil et l'expé-
rience pratique de l'homme du métier, et peut-être
cette assertion ressortira-t-elle mieux encore dans les
volumes relatifs aux guerres modernes ; mais ce légèr
défaut ne saurait être aperçu que par un officier, et
je ne pense pas que le livre soit exclusivement des-
tiné à cette classe de lecteurs. Sauf cette nuance, que
nous avons cru devoir noter par amour de la vérité,
M. le professeur G.-B. Crollalanza, nous le procla-
merons hautement, fort de son ouvrage qui en fait

foi, est versé dans les détails les plus intimes de notre histoire militaire, et, par suite, de l'histoire militaire de l'Europe, qui s'y rattache à chaque instant ; il connaît et il a lu minutieusement les divers écrits y relatifs, et en possède l'entente la plus complète, spécialité qu'il a su conquérir par ses veilles persévérantes, et que j'ai reconnue promptement à quelques indices particuliers semés çà et là dans le texte et dans les notes. Aujourd'hui cet érudit n'est plus simplement un professeur d'histoire, c'est un maître émérite, ayant conquis ses chevrons par une œuvre importante, et très capable d'enseigner l'histoire militaire à des jeunes gens qui auraient la vocation des armes.

Nous reviendrons sur la *Storia militare di Francia* quand d'autres volumes de ce bel ouvrage auront vu le jour, ce qui, nous l'espérons, ne se fera pas trop attendre.

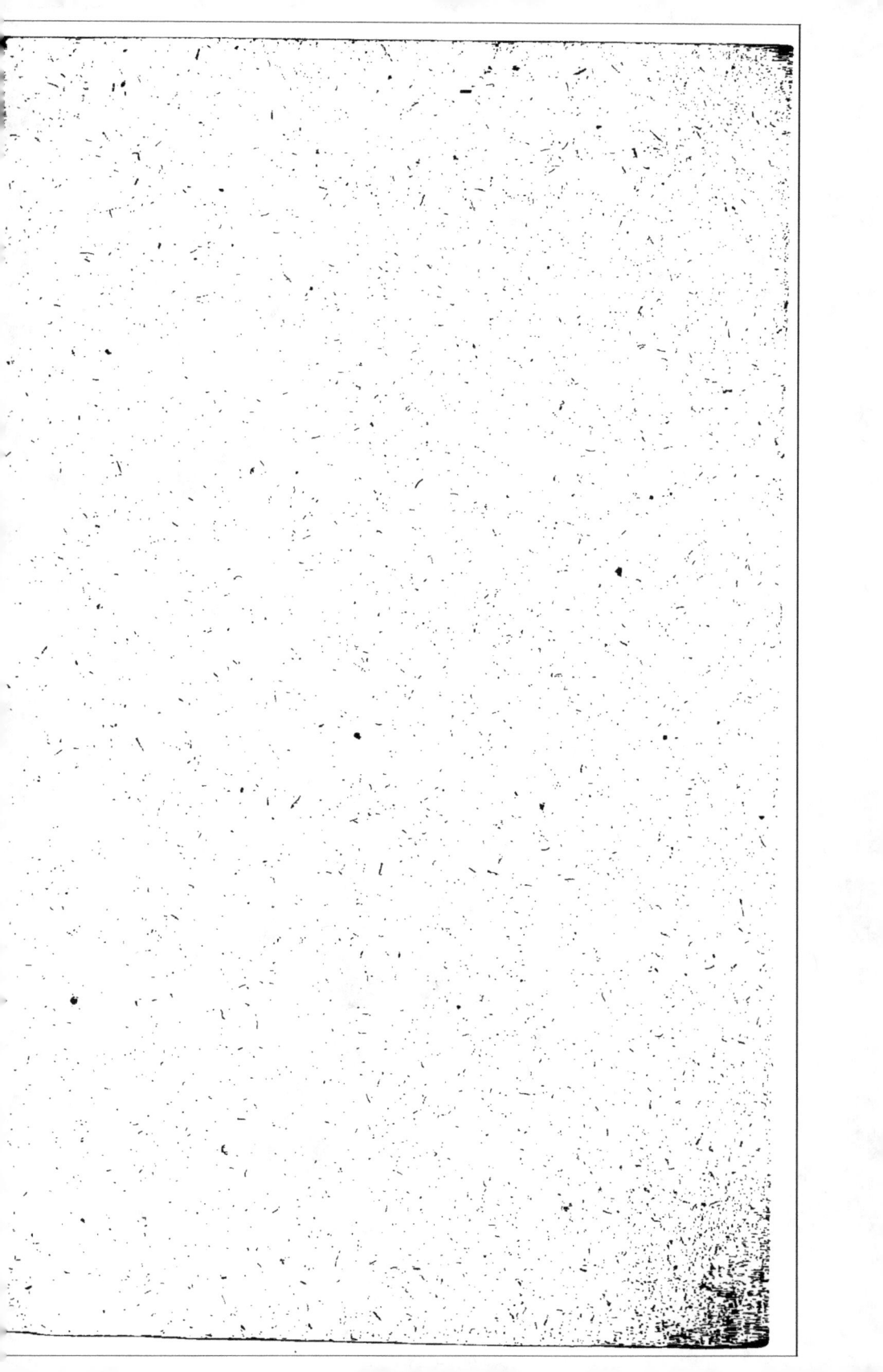

www.ingramcontent.com/pod-product-compliance
Lightning Source LLC
Chambersburg PA
CBHW060733280326
41933CB00013B/2624